Deine Spuren

Eines Nachts hatte ich einen Traum:
Ich ging am Meer entlang mit meinem Herrn.
Vor dem dunklen Nachthimmel
erstrahlten, Streiflichtern gleich,
Bilder aus meinem Leben.
Und jedes Mal sah ich zwei Fußspuren im Sand,
meine eigene und die meines Herrn.

Als das letzte Bild an meinen Augen
vorübergezogen war, blickte ich zurück.
Ich erschrak, als ich entdeckte,
dass an vielen Stellen meines Lebensweges
nur eine Spur zu sehen war.
Und das waren gerade die schwersten
Zeiten meines Lebens.

Besorgt fragte ich den Herrn:
„Herr, als ich anfing, dir nachzufolgen,
da hast du mir versprochen,
auf allen Wegen bei mir zu sein.
Aber jetzt entdecke ich,
dass in den schwersten Zeiten meines Lebens
nur eine Spur im Sand zu sehen ist.
Warum hast du mich allein gelassen,
als ich dich am meisten brauchte?"

Da antwortete er: „Mein liebes Kind,
ich liebe dich und werde dich nie allein lassen,
erst recht nicht in Nöten und Schwierigkeiten.
Dort, wo du nur eine Spur gesehen hast,
da habe ich dich getragen."

MARGARET FISHBACK POWERS

Du umgibst mich

Gott, du erforschest mich und kennest mich. Ich sitze oder stehe auf, so weißt du es; du verstehst meine Gedanken von ferne. Ich gehe oder liege, so bist du um mich und siehst alle meine Wege. Von allen Seiten umgibst du mich und hältst deine Hand über mir. Diese Erkenntnis ist mir zu wunderbar und zu hoch, ich kann sie nicht begreifen. Wohin soll ich gehen vor deinem Geist, und wohin soll ich fliehen vor deinem Angesicht? Führe ich gen Himmel, so bist du da; bettete ich mich bei den Toten, siehe, so bist du auch da. Nähme ich Flügel der Morgenröte und bliebe am äußersten Meer, so würde auch dort deine Hand mich führen und deine Rechte mich halten. Denn du hast meine Nieren bereitet und hast mich gebildet im Mutterleibe. Ich danke dir dafür, dass ich wunderbar gemacht bin; wunderbar sind deine Werke. Aber wie schwer sind für mich, Gott, deine Gedanken! Wie ist ihre Summe so groß! Wollte ich sie zählen, so wären sie mehr als der Sand: Am Ende bin ich noch immer bei dir.

PSALM 139,1FF

Du bist nah

Du bist da. Heute und morgen.
Du bist nah in Schatten und Licht.
Ob ich in Zweifeln wanke
oder in Gewissheit gehe.
Für Gutes danke oder
mich im Unglück sehe.
Du bist das Ziel und du bist der Weg.
Du bist da, ja du bist nah.
Deine Spur und meine Spur,
meine Hand in deine Hand.
Deine Liebe und meine Liebe,
du Gott umfängst alles,
du bist Anfang und Ende.
Du bist da, ja du bist nah.

Geh deinen Weg

Rabbi Susya sagte kurz vor seinem Tode:„Wenn ich in den Himmel komme, werden sie mich nicht fragen: Warum warst du nicht Moses? Sondern sie werden mich fragen: Warum warst du nicht Susya? Warum wurdest du nicht, was nur du werden konntest?

ERZÄHLUNGEN DER CHASSIDIM

Ein Symbol der Hoffnung

Der Delfin galt den Griechen als gottähnlich. Die Göttin Aphrodite soll er nach ihrer Geburt ans Land gebracht haben, deshalb wurde der Delfin auch als Symbol der Liebe angesehen. Er galt vor allem als Begleiter der Toten zu den Inseln der Seligen und wurde dadurch auch zum Sinnbild für die Todesüberwindung. Unterstützt wurde seine Prominenz zudem durch viele Legenden, die davon berichteten, dass Delfine Schiffbrüchige vor dem Ertrinken gerettet hätten. Diese Motive waren dann auch gut auf christliche Vorstellungen übertragbar. Denn der Glaube und Jesus Christus selbst rettet uns Menschen vor dem Tod. Er rettet die Jünger, denen Schiffbruch droht, und hilft dem im Meer versinkenden Petrus vor dem Untergehen. So gibt es Darstellungen des Delfins mit einem Anker als Kreuzsymbol und damit der Hinweis auf den Retter vor dem Tod. Noch in einer mittelalterlichen Legende wird berichtet, dass der Heilige Kallistratos, der auf Befehl des Kaisers Diokletians ins Meer geworfen worden war, von zwei Delfinen gerettet und an das Ufer gebracht wurde.

Segensspuren

Möge das Leben dir die Fülle bereithalten,
die dich im Herzen reich macht,
so bleibst du freundlich zu dir.

Möge dir Bitteres nicht erspart bleiben,
so bleibst du demütig
und behältst Mitgefühl mit allen Geschöpfen.

Möge dir kein Weg zu weit
und keine Straße zu mühevoll sein,
so wirst du immer an dein Ziel gelangen.

Möge es dir nicht an Visionen mangeln,
sodass du mehr Lösungen als Probleme kennst
und du gelassen jeden neuen Tag begrüßen kannst.

Sand in meinen Händen

Wiegen wir den Sand, fühlen und riechen wir ihn,
betrachten wir die Vielzahl kleiner Körner,
die so einheitlich aussehen und so unterschiedlich
sind in Form, Farbe und Größe.

Lassen wir den Sand zwischen unseren Händen
zerrinnen, durch unsere Finger gleiten.
Die Gedanken fließen, die Bilder kommen.
Hören wir, was der Sand erzählt,
erspüren wir, was er gesehen und gehört hat:
die Melodien der Sehnsucht, den Rhythmus
des Alltags, die Klagelieder der Wartenden,
die bunten Geschichten der spielenden Kinder.

Wiegen wir den Sand wie unsere Erinnerungen,
zählen wir jeden Augenblick und legen
ihn auf die Waage des Glücks,
beleben wir jeden lieben Menschen,
der uns vertraut war, berühren wir die Träume,
die unsere Herzen geweitet haben,
lassen wir die Trauerglocken für alle erklingen,
die uns fehlen und halten wir uns offen
für jeden neuen Augenblick, den Gott uns schenkt.

Spuren hinterlassen

Abdrücke im Gedächtnis der Zeit,
Erinnerungen bei vertrauten Menschen,
Markierungen setzen, die uns unterscheiden,
uns unverwechselbar machen,
das wünschen wir uns.
Und doch bleibt von allen Spuren
einzig die Liebe übrig.
Alle anderen Spuren verwehen,
verschwinden in Staub und Zeit.
Was bleibt, schenken die Liebenden.